(Heft Nº3) Dezember
WURSTSINGEN

◇◇◇◇◇◇ Tafel 1 ◇◇◇◇◇◇

(Editorial)

SONNTAGSFREUDEN
«Tages Arbeit! Abends Gäste! Saure Wochen! Frohe Feste!»

Zum Jahresende widmen wir die dritte Ausgabe der Sonntagsfreuden dem wohl üppigsten Festmahl, das in der Schweiz auf den Tisch kommt: der Metzgete. Die Metzgete ist noch immer beliebt. Vergessen aber sind die Kinder, die im letzten Jahrhundert im Baselbiet von Tür zu Tür gingen und mit einem Lied um Würste baten – von ihnen handelt diese Ausgabe der Sonntagsfreuden.

Wir stellen die Hauptdarsteller der Metzgete vor, das Schwein und die Blutwurst, und verfolgen die Sprachspiele, die sich mitunter von der Wurst abgeleitet haben und noch heute weit herum bekannt sind.

Die Illustrationen wurden für diese Ausgabe aus verschiedenen Federn zusammengetragen: Matthias Fürst, Corina Neuenschwander, Toby Tam, Tamaki Yamazaki, Juliane Wollensack und Angela Häberli, Zuni Halpern und Hannes Gloor nahmen sich der Wurst und ihren vielfältigen Formen an. Also an den Tisch und an die Wurst, denn «Des Schweins Ende ist der Wurst Anfang».

Die Herausgeber

(Brauch)
WURSTSINGEN
‹*Der Wurst Anfang*›

> Dürri, dürri Bire, hinterem Ofe füre, s'Süli het es chrumbis Bei, gethmer e Wurscht, so chan i hei, aber nit so ne chleini, lieber zwe für eini, i hör d'Mueter in d'Chammere goh, si will mir eini abeloh, i hör s'Für scho chrache, si wil mer eini bache. Würschtli heraus, Würschtli heraus, aber gebt mir s'Würschtli bald, muess jo no dure finschtere Wald, hett vill Stöck und Würzli, chönnt derüber pürzele, Würschtli heraus, Würschtli heraus, Glück und Säge in dieses Haus.[1]

So geht das Lied, das die Kinder in der Basler Gemeinde Wenslingen jeweils sangen, wenn sie des Abends nach der Metzgete von Hof zu Hof, von Haus zu Haus zogen. Und während die Kleinsten und die Mädchen mit ihren Wurstliedern die Nachbarn um derart delikate Gaben wie Obst, oder eben Würste baten, trafen sich die übermütigen Buben heimlich hinter dem Haus zum Wurststehlen.

Noch vor dem Wurstsingen kommt jedoch die für den Metzger anstrengendste Saison. Dieser eröffnet im Herbst die Einschlachtzeit, die Metzgete, ganz im Sinne des Bauernkalenders: Der September kündet Wonnen, das Schwein ist tot, das Blut geronnen. Der Tag der Metzgete verlangt nach präziser Vorbereitung. Auf dem Land wird der Störmetzger gerufen und das Geschick der Verwandschaft mobilisiert. Während sich die Metzgete heute – nicht nur aufgrund veränderter Hygienevorschriften – in die Metzgereien und in die Dorfwirtschaften verlagert, spielte sie sich früher vornehmlich in privatem Rahmen ab und war ein guter Grund für ein grosses ‹Hausfest› auf den Bauernhöfen.

Der ‹Ochsefritz›, wie der Störmetzger etwa genannt wird, geniesst beim Spektakel Autorität und beeindruckt mit seinem Handwerk den Nachwuchs. Ebenso reist die Verwandtschaft zur Unterstützung an: Die Hilfe aller ist für die schwere Arbeit gefragt und die einzelnen Handgriffe sind traditionellerweise auf die Familienmitglieder verteilt. Insbesondere das ständige Rühren des Blutes im Holzbottich – der Vater – und das Füllen der Würste – die Mutter – verlangt nach einer Person mit grosser Handfertigkeit. Das frische Blut der Sau wird mit warmer Milch angerührt, um die feste Konsistenz der perfekten Blutwurst zu garantieren. Die Beigabe von verschiedenen Gewürzen wie Nelken, Wacholder, Koriander, Thymian und Kümmel erleichtern dem Magen den Genuss der schweren Blutwurst und verleihen ihr den hauseigenen Geschmack.

Die hergestellten Wurst- und Fleischspeisen sind, solange sie nicht gepökelt oder geräuchert werden, nicht lange haltbar und müssen frisch serviert werden, weshalb das Festmahl gleich an den Tag der Metzgete anschliesst. Eröffnet wird das Essen mit einer Fleischsuppe, gefolgt von einem mit Blut gefüllten Magen, der grossen Blutwurst. Daraufhin wird von den frischen Blut- und Leberwürsten gekostet und die Gastgeberin serviert dazu Karotten oder Kraut und im Baselbiet Lederapfelschnitze. Das Mahl ist damit jedoch noch nicht beschlossen, sondern findet erst seinen Höhepunkt mit gepökeltem Schweinefleisch oder Chesselifleisch, und Bratwurst. Bei Kaffee, Küchlein und Quittenschnaps erzählen die Alten später Witze, Nachtbuben- und Gespenstergeschichten – Legenden finden ihren Anfang und beeindrucken die Kinder.

Am nächsten Tag ‹vertrait› die Bauernfamilie ihre Metzgete. Die leicht verderblichen Würste müssen weg und so kommen auch diejenigen, die keinen eigenen Hof haben – Pfarrer und Lehrer etwa – in den Genuss des Sautanz, einer Schüssel mit verschiedenen Würsten und freuen sich über des Nachbars Metzgete und den kurzzeitig herrschenden Überfluss.

Die Wurstbettelumzüge waren in verschiedenen Formen im deutschsprachigen Raum bekannt – und ebenso üblich wie das Wurstsingen waren denn auch das Wurstklettern, Wurstschnappen, Wurstschiessen oder Wurstangeln. Das Wurstsingen im Baselbiet ist zuletzt in einer Beschreibung von 1913 dokumentiert. Auch wenn noch heute in Wenslingen die Wirtinnen und Wirte die Metzgete pflegen – die Baselbieter Buben, so scheint es, verzichten auf die einst so heiss begehrten Extrawürstchen.

Tafel 2

(Text)
ALLES UM DER WURST WILLEN
von Gina-Lisa Bucher

A lles hat ein Ende nur die Wurst hat zwei. Die Wurst muss im Volksmund für vieles herhalten, eignet sie sich doch wortwörtlich für Doppeldeutigkeiten und Paradoxien. [2]
‹Wer nur am tapfersten kämpft, und seinen Gegner besieget, dieser wähle sich selbst die beste der bratenden Würste›, ein Appell dem bereits ein Odysseus nicht zu widerstehen vermochte. Wenn auch die Wurst der Antike aus heutiger Sicht wenig schmackhaft als mit Blut und Fett gefüllte Tiermägen umschrieben ist, so war die Wurst doch ein delikater Siegespreis an Wettspielen. Buchstäblich ging es um die Wurst und letztlich darum, seine Kräfte auf die eine Sache zu konzentrieren und die richtigen Entscheidungen zu treffen.

Die Wurst als eine schöne, heissbegehrte, willkommene Sache findet sich später in Form von Mutterns Wurstpaket bei manchem Soldaten wieder. Die Wurst vermag an viele Geschichten der Kindheit zu erinnern: Jeder wollte einst seine Extrawurst, sei es um mit Wurstgesang an die Geheimnisse der Vorratskammern der Nachbarn heranzukommen – oder um das Wursträdli, das den Besuch beim Metzger zum Höhepunkt der täglichen Besorgungen machte.

Wie frühe Quellen belegen, war die Blutwurst bereits im alten Rom, besonders beim Volk, äusserst beliebt. ‹Blut in Gedärme, wie in Röcke eingepackt, die als ein gewöhnliches Gericht dem Magen zugeschickt werden.› Soviel konzentrierte Versuchung in einem war dem römischchristlichen Kaiser Leo VI (886–911) ein Dorn im Auge.

Er erliess deshalb ein hartes Interdikt, das die Gemüter erregte: ‹Wer Blut zu Speisen umschafft, der wird hart gegeisselt, bis auf die Haut geschoren und auf ewig aus dem Land verbannt.› So sehr Leo VI die Blutwurst als Frevel deutete, so sehr erkannten seine Gegner die Blutwurst als Waffe gegen die Christen und nutzten sie entsprechend als Kriegstaktik; ‹denique inter tentamenta Christianorum botulos etiam cruore distentos admovetis, certissimi scilicet illicitum esse penes illos per quod exorbitare eos vultis.›[3]

Wie du mir so ich dir: Auge um Auge, Zahn um Zahn. Wurst wider Wurst. Wer in den jeweiligen Schlachten allenfalls die Wurst nach Hause trug, sei den Historikern überlassen. Sicher ist, dass die Wurst seither oft mit Listigkeit in Verbindung gebracht wird. So beschreibt etwa Gotthelf in seiner humoresken Erzählung ‹Wurst wider Wurst› (1850) einen listigen Bauern, ‹der es verstand wie kein anderer Würste nach Speckseiten zu werfen und dem selten ein Wurf misslang›.

Nicht nur im Krieg und Spiel ging es um die Wurst. Letztlich lässt sich die Redensart ‹Wurst wider Wurst› auch von einem alten Brauch ableiten, wobei die Bauern Gleiches mit Gleichem vergolten und so der guten Freund- und Nachbarschaft Ausdruck gaben: Dem Würstetausch nach der opulenten Metzgete.

In Norwegen kamen am Heiligabend selbst Hof- und Hausgeister in den Genuss eines Tellers mit Würstchen und Naschereien. Die Würstchen sollten die kleinen Wichtel – die stets mit roten Zipfelmützen und langen Bärten gesehen wurden – beruhigen. War diese List der Bauern erfolgreich, so kümmerten sich die kleinen Geister im kommenden Jahr um das Wohl des Viehs. Ähnlich pragmatisch argumentierte man in Deutschland: Wer in Bayern, Franken und Norddeutschland Hirsebrei und

Blutwurst noch vor Sonnenaufgang isst, hat das ganze Jahr Geld und bleibt fieberfrei.

Mancheiner dürfte darauf nonchalant kontern: ‹Das ist mir Wurscht›, in ihrem Ursprung eine studentische Redensart und seit 1813 aus Berlin bekannt. Selbst grosse Staatsmänner verzichteten auf diplomatische Korrektheit, um mit der Sprache des Volkes Sympathien zu gewinnen: Es sei ihm Wurscht ob der zukünftige Kaiser Deutscher Kaiser, Kaiser von Deutschland oder Kaiser der Deutschen genannt werde, betonte Bismarck 1871 in Versailles.

Gleichwohl sich die Wurst in anderen Redensarten alles andere als indifferent erwies: ‹Im Wurstkessel liegen› bezeichnet eine aussichtslose Situation. Während ‹ab der Wurst hauen› von Ersparnissen leben meinte. Nicht um 1000 Würste wollte mancheiner auf der Wurst reiten (auf Kosten anderer Leute leben) oder aber einem bösen Hund eine Wurst hinlegen. Abmachungen, von denen man nicht glaubte, dass sie eingehalten würden, bezeichnete man als mit einem Wurstzipfel versiegelt. Letztere Redensart verweist auf die Wurstelei als Begriff für Nachlässigkeit. Ähnliches bestätigt die Floskel des Wurstgewitters, die einen liederlich frisierten Menschen bezeichnet.

Gleich den amerikanischen Pulps, stand Blutwurscht auch für blutrünstige Hintertreppenromane, die vor allem in Berlin zu Beginn des letzten Jahrhunderts populär waren. Was dagegen heute einschlägig als Wurstblatt charakterisiert ist, hat seinen Ursprung in jenem Zeitungspapier, in dem die Wurst früher verkauft wurde.

Auf die Frage, wie die Wurst entstanden sei, kursiert die Legende einer Wette mit dem Teufel: Ein Handwerksbursche hatte mit dem Teufel gewettet, er könne drei Tage nur mit einem langen Stecken durch das Land ziehen, ohne Hunger zu leiden. Er füllte einen langen Darm ganz prall mit Fleisch und derart entstand die erste Wurst. Vielleicht entspringt da die Figur des Hanswurst, je nach Situation einem Spassmacher oder Dummkopf, der sich allerhand Spott aussetzt. Wahrscheinlicher ist, dass jeweils der Anführer der Wurstbrüderschaft, also jenen jungen Burschen, die von Hof zu Hof zogen um um die Wurst zu singen, Hanswurst gerufen wurde. Nicht auszudenken in welche Sprachspiele sich die Truppe mit dem Dorfpolizisten – gemeinhin bekannt als Landjäger – verwickelten, wenn sie zur Wurst über den Durst tranken.

Neben Schimpf- und Spottnamen gelangten auch die Wurstmacher zu ihrem Tribut: Der im deutschen Sprachraum geläufige Familienname Herster oder Hörster leitet sich vom Wurstmacher ab. Ähnlich kam die Basler Familie Wurstisen im 16. Jahrhundert mit der Erfindung eines Gerätes zur Herstellung von Würsten zu ihrem Namen und Wappen.

In Berlin prägte der Wurstmaxe Strassenbild und Geschichte: mit schrillen Kalauern und derben Witz war er jeweils als mobiler Grill und Stadtoriginal in einem unterwegs. Bleibt zu hoffen, dass er nicht oft Wurstpredigern zum Opfer fiel – jenen Zeitgenossen, die nur predigen um gute Bissen zu erlangen.

In diesem Sinne braucht auch dieser Text ein Ende, auch wenn sich ein zweites, zu Ehren der Wurst, eigentlich gehören würde.

◇◇◇◇◇◇ Tafel 3 ◇◇◇◇◇◇

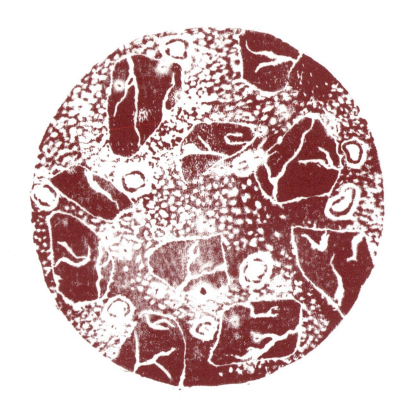

BIERSCHINKEN
Brühwurst ¦ Lyoner mit Einlage ¦ mindestens 50% Schinkenanteil ¦ weniger als 9.5%
Fett ¦ ursprünglich in Bierlake gepökelt

Tafel 4

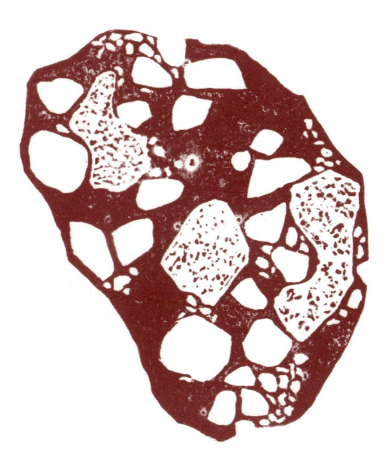

BLUTWURST
Kochwurst ⁞ älteste bekannte Wurstsorte ⁞ im Frühmittelalter
mehrmals als heidnisches Brauchtum verboten ⁞ jährlicher Wettbewerb der
französischen Blutwurstritter

◇◇◇◇◇◇ Tafel 5 ◇◇◇◇◇◇

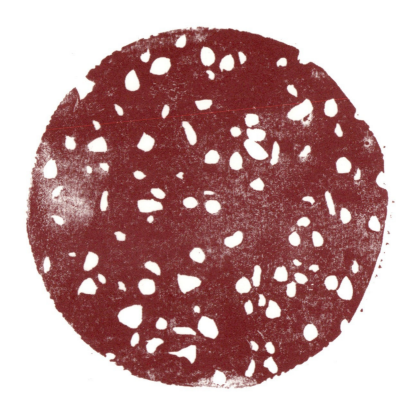

SALAMI
Rohwurst ┆ bekannteste Wurstsorte ┆ italienische salame
«Salzwurst», lateinisch salare «salzen» ┆ ursprünglich mit Eselsfleisch ┆
grauweisser Naturschimmelbelag

◊◊◊◊◊◊ Tafel 6 ◊◊◊◊◊◊

COPPA
Rohwurstschinken ¦ Schweinenäcke in Därme gefüllt, gepökelt und luftgetrocknet ¦ verliert 40% an Gewicht ¦ wird in ein mit Weisswein getränktes Tuch gewickelt, damit das Fleisch zart bleibt

(Nº1–Nº4)
REZEPTE

(Nº1)

BLUTWURST
für 8 Personen

◇◇

Zutaten:
- 10 l **Blut**
- 10 l **Milch**
- 1.5 kg **Schmer oder Borsenfett**
- **Safranfäden**
- 1 kg **Zwiebeln**

}

Gewürz je Liter Blut
- 2 g **Salz**
- 2 g **Pfeffer**
- 2 g **Muskatnuss**
- ½ g **Majoran**
- **Zimt**

Rezept:

Die beste Blutwurst erhält man bei Verwendung von frischem Schweineblut.

Um eine zarte, feinschnittige Blutwurst zu erhalten, nimmt man Blut und Milch zu gleichen Teilen. Kalbs- oder Rindsblut lässt sich ebenfalls verwenden. Bei der Verwendung von Kalbsblut muss der Zusatz von Milch etwas kleiner, bei Rinderblut etwas grösser sein als bei Schweineblut.

Die Milch erwärmt man fast bis zum Siedepunkt und mischt sie unter stetem starkem Umrühren mit dem leicht vorgewärmten Blut. Das Salz und die Gewürze gibt man bei, bevor das Fett hinzu gegeben wird. Die feingehackten Zwiebeln werden im Fett schön gelb gedünstet und am Schluss mit dem Fett hinzugefügt.

Gefüllt wird die Blutwurst in krause Schweins- oder weite Kreuzdärme. Beim Einfüllen ist immer gut umzurühren, damit sich das Fett mit dem Blut ständig vermischt und nicht scheidet.

Die fertigen Würste gibt man zum Kochen in siedendes Wasser und lässt sie je nach Grösse 20–40 Minuten bei 80 Grad Celsius ziehen. Dazu werden Lederapfelschnitze, Sauerkraut und Salzkartoffeln serviert.

Weinempfehlung zu Wurst, Äpfeln und Kraut:
Rotwein: Blauburgunder Beerli von Baumann Weingut, Oberhallau
Weisswein: Müller-Thurgau von gg-Weinbau, Männedorf ¦ Federweisser von Baumann Weingut, Oberhallau

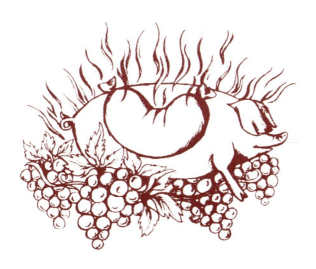

(N°2)

LEDERAPFELSCHNITZE [4]
als Beilage für 4 Personen

∞∞∞∞∞∞∞∞∞∞∞∞∞∞∞∞∞∞∞∞∞∞∞∞∞∞∞∞∞∞∞

Zutaten:

- 1 l **Wasser**
- 1 kg **Lederäpfel**
- 2   **Zimtstengel**
- 1   **Zitrone**
-      **Zucker**

Rezept:

Die Äpfel vierteln und entkernen. Wasser, Zimtstengel und Zitronenschnitz aufsetzen und den Zucker dazugeben. Danach die Apfelschnitze in die Flüssigkeit legen, darauf achten, dass sie unter der Oberfläche bleiben. Die Äpfel lind kochen. Die Lederapfelschnitze als Beilage zu den Blut- und Leberwürsten servieren.

(N°3)
SAUERKRAUT
als Beilage für 4 Personen

Zutaten:

1kg **frisches Sauerkraut vom Fass**
1 **Apfel** *(Boskop)*
1 **Zwiebel**
Bouillon

Rezept:

Das Kraut kurz in heissem Wasser waschen, abtropfen lassen und sorgfältig auseinander zupfen. Die Zwiebel in einer grossen Pfanne andünsten und das Sauerkraut beigeben. Soviel Bouillon dazugiessen, bis das Kraut vollkommen bedeckt ist. Auf kleinem Feuer eine Stunde leise köcheln. Je dunkler das Sauerkraut wird, desto säuerlicher ist es im Geschmack.

(N°4)
GEBRANNTE CRÈME
für 4 Personen

Zutaten:

- 3 **Eigelb**
- 30g **Zucker**
- 3TL **Maizena**
- wenig **Milch**
- 70g **Zucker**
- 1EL **Wasser**
- 4dl **Milch**
- 1–2dl **geschlagener Rahm**

Rezept:

Drei Eigelb und 30g Zucker schaumig schlagen. Drei gestrichene Löffel Maizena mit wenig Milch verrühren. Wasser und die restliche Milch bereitstellen. Den Zucker in einer Pfanne auf kleiner Flamme sorgfältig rösten, bis er anfängt zu schäumen. Die Pfanne von der Flamme nehmen und sogleich erst das Wasser und dann die Milch hinzugeben. Alles erhitzen, bis sich der Zucker gänzlich aufgelöst hat.

Die Crème mit dem angerührten Maizena binden und nochmals aufkochen. Die Masse unter das Eigelb schwingen, zurück in die Pfanne giessen und bei kleiner Flamme rühren – nicht kochen! Durch ein Sieb in eine Schüssel geben, in ein Wasserbad stellen und solange rühren, bis sie erkaltet ist. Schliesslich den, je nach Vorliebe leicht gezuckerten, Schlagrahm darunter ziehen.

Empfohlener Schnaps zur Gebrannten Crème:

Gravensteiner Apfelbrand der Humbel Spezialitätenbrennerei, Stetten

Tafel 7

CHORIZO LIGHT
Würste von Salumeria Macelleria Fulvi, Zürich

LEBERWURST
SCHWARTEN-
MAGEN/SALAMI
WEISSWURST
WIENER/LAND-
JÄGER/LEBER-
KÄSE/CERVELAT
BLUTWURST
FRANKFURTER
PRESSKOPF
GRÜTZWURST

◇◇◇◇◇ *Wurstsingen* ⁞ *Volksmund* ◇◇◇◇◇

N°1: Wanderlied

«WEM GOTT WILL RECHTE GUNST ERWEISEN, DEN SCHICKT ER IN DIE WURSTFABRIK, DEN LÄSST ER IN DIE KNACKWURST BEISSEN, UND WÜNSCHT IHM GUTEN APPETIT.»

◇◇◇◇◇◇◇ Tafel 8 ◇◇◇◇◇◇◇

Tafel 9

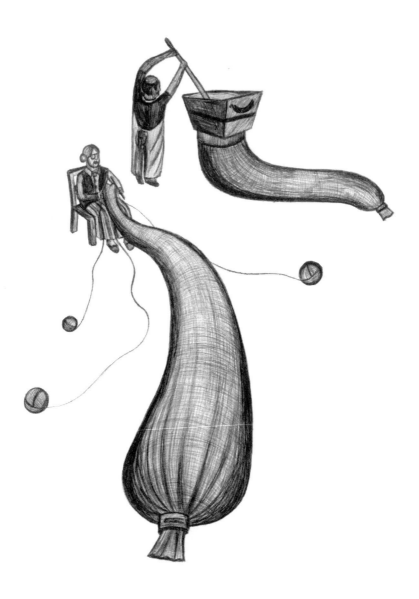

◇◇◇◇ *Wurstsingen* ⋮ *Volksmund* ◇◇◇◇

N°2: Wurstlied

«WÜRSTLE HERAUS, WÜRSTLE HERAUS! S'ISCH E BRAVE FRAU IM HAUS!»

◇◇◇◇◇◇ *Wurstsingen* ¦ Volksmund ◇◇◇◇◇◇

Nº 3: Bauernregel

«IST DER JÄNNER STERNENKLAR, KOMMT EIN GUTES BLUTWURST-JAHR.»

Nº 4: Bauernregel

«DER SEPTEMBER KÜNDET WONNEN, DAS SCHWEIN IST TOT, DAS BLUT GERONNEN.»

◇◇◇◇◇◇ Tafel 10 ◇◇◇◇◇◇

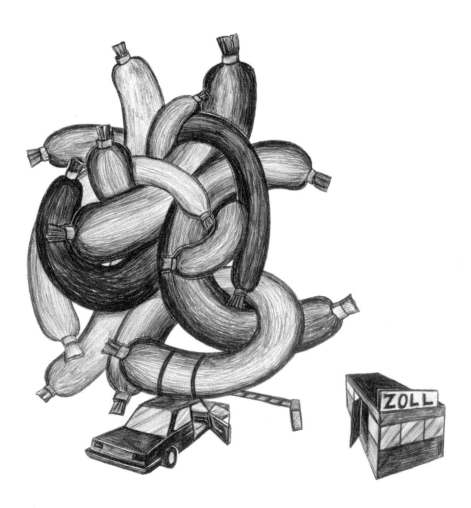

(Anhang)

ANMERKUNGEN
zu den Texten

Wurstsingen

[1] Die Informationen zum Wurstsingen und der Metzgete stammen aus untenstehenden Quellen:

Hoffmann-Krayer, Eduard. **Feste und Bräuche des Schweizervolkes.** Zürich 1913, S.103f.

Notiz von Gustav Meyer-Wirz, Lehrer in Wenslingen, **Ortschronik von Wenslingen** aus dem Jahr 1908 (Wurstlied).

Strübin, Eduard. **Baselbieter Volksleben. Sitte und Brauch im Kulturwandel der Gegenwart.** Basel 1952.

Strübin, Eduard. **Kinderleben im alten Baselbiet.** Liestal 1998.

Alles um der Wurst willen

[2] Die zitierten Passagen stammen aus untenstehenden Quellen:

Lissner, Erich. **Wurstologia oder Es geht um die Wurst.** Frankfurt 1939.

Michel, Herbert. **Lust auf Blutwurst.** 2005.

Rezepte und Geschichten. Ingelheim 2005.

[3] Obwohl ihr wisst, dass es den Christen verboten ist, legt ihr ihnen als Versuchung Blutwürste vor, wodurch ihr sie von der Wahrheit abbringen wollt. (**Lissner 1939, S.42**).

Rezepte

Das Rezept für die Blutwurst stammt aus der Tradition der **Vereinigung zur Förderung des Ansehens der Blut- und Leberwürste, VBL**. Bei der Zubereitung der Lederapfelschnitze und des Sauerkrautes half **Frau Schmutz vom Dorfbeizli in Wenslingen** und die Zubereitung der gebrannten Crème ist ein bewährtes Familienrezept der **Familie Früh**.

[4] Der Lederapfel wurde in der Nordwestschweiz traditionell für zeitaufwändige Gerichte mit Produkten aus der kleinbäuerlichen Landwirtschaft verwendet; meistens mit Blut- und Leberwürsten, Speck, Kartoffeln, Sauerkraut oder Bohnen. **Frits Brunner, Therwil (Pomologe für ProSpecieRara)**

Lederäpfel erhältlich bei **Ernst Gisin, Rebgasse 5, 4441 Thürnen, Telefon: 061 971 40 58**